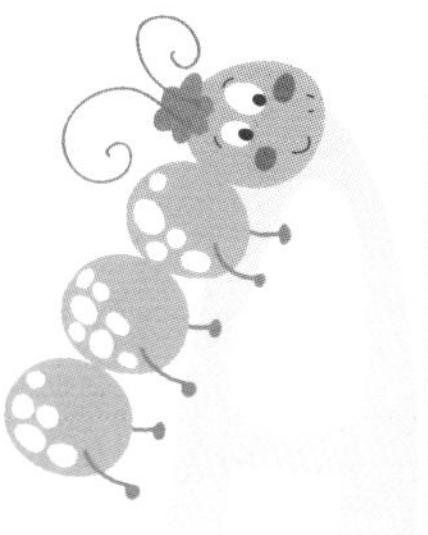

좋은언어

아주 쉬운 통통 영어 알파벳 단어 쓰기

태을출판사

일 러 두 기

1. 기 본 학 습

♣ 알 파 벳

알파벳이란 우리말의 자모 (ㄱ, ㄴ, ㄷ, ㄹ, …… ㅏ, ㅑ, ㅓ, ㅕ, ……)와 같은 것으로, 영어에서는 a, b, c, d, e, f, g, h, i, j, k, l, m, n, o, p, q, r, s, t, u, v, w, x, y, z를 말한다. 한글의 자모는 24자이고 영어의 알파벳은 26자이다.

♣ 낱말과 문장

알파벳 26자 중 한 개 이상의 자로 결합하여 단어가 되고, 그 단어들이 모여서 문장을 이룬다.

<예> · 알파벳(spelling) → p, e, n

· 단어(낱말) → pen(펜)

· 문장 → This is a pen.

2. 각 글씨체의 이름과 종류

※ 매뉴스크립트체는 인쇄체를 글씨체화한 것으로서 인쇄체라 말할 수 있다.

* 글씨체
  - ① 인쇄체 ─ 대문자 / 소문자
  - ② 매뉴스크립트체 ─ 대문자 / 소문자
  - ③ 필기체 ─ 대문자 / 소문자

3. 글씨 쓸때 자세

○ 몸자세를 올바르게 취할 것

○ 꾸준히 끈기있게 연습할 것

○ 정확하고 깨끗이 쓰는 습관을 들일 것

○ 쓴 글자는 잘 살펴보고 잘 쓰도록 연구하여 볼 것

필기체 종이 위치

4. 글씨 쓰는 요령

○ 매뉴스크립트체 쓰기

· 펜의 각도 … 책상면과 펜대의 각도가 45° 되게 한다.

· 종이 위치 … 책상 모서리와 평행하게 종이를 놓는다.

○ 필기체 쓰기

· 펜의 각도 … 책상면과 펜대의 각도가 45° 되게 한다.

· 종이 위치 … 책상 모서리에서 30° 정도 위로 올린다.

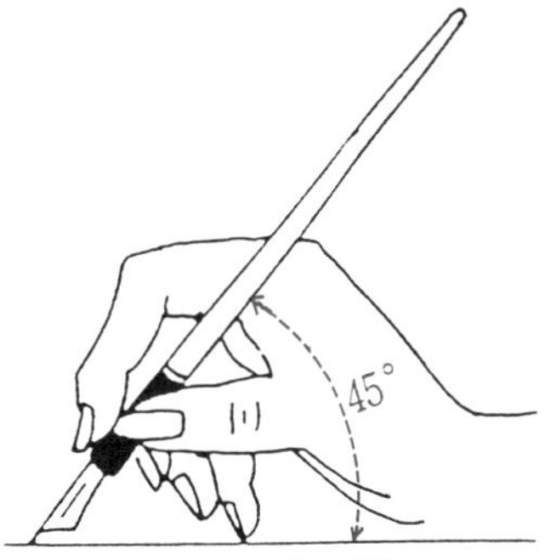

<펜대 잡는 법>

Alphabet song

* and=그리고
* I can sing my ABC.
=나는 나의 ABC를 노래할 수 있어요.

제 1 장

메뉴스크립트체 쓰기 기초

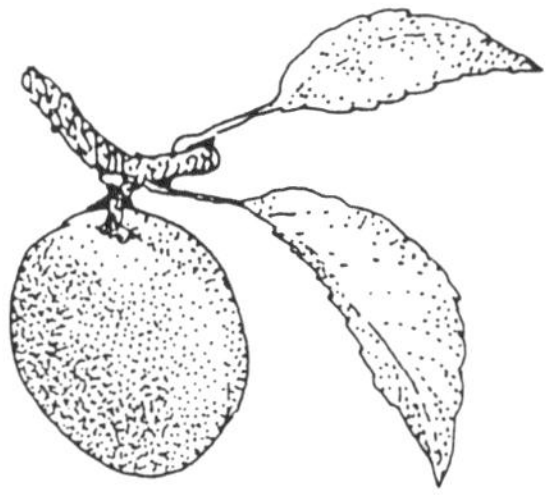

메뉴스크립트체

apple (æpl · 애플) 사과

대 문 자	소 문 자
A	a

(ei) 에이

♣ 메뉴스크립트체 대문자 써보기

A A A A A A A A

♧ 메뉴스크립트체 소문자 써보기

a a a a a a a a

메뉴스크립트체

대 문 자	소 문 자
B	b

(bi:)　　비이

ball (bɔ:l · 보오올) 공

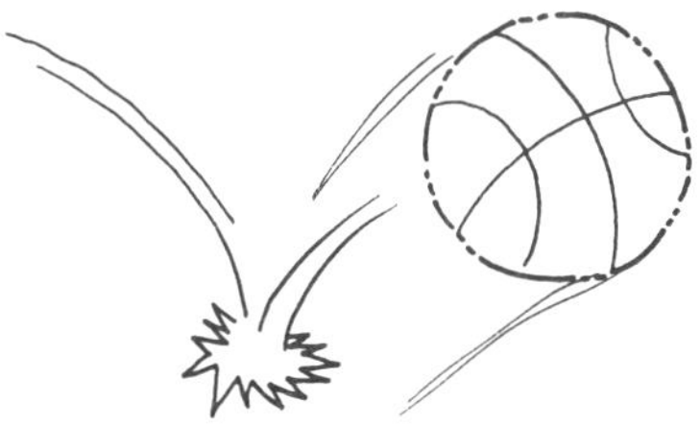

♣ 메뉴스크립트체 대문자 써보기

B B B B B B B B

♧ 메뉴스크립트체 소문자 써보기

b b b b b b b b

메뉴스크립트체

대 문 자	소 문 자
C	c

(si:)　　씨 이

cup (kʌ́p · 컵) 컵

♣ 메뉴스크립트체 대문자 써보기

C C C C C C C C

♧ 메뉴스크립트체 소문자 써보기

c c c c c c c c

메뉴스크립트체

doll (dál · 달) 인형

대 문 자	소 문 자
D	d

(di:) 디이

♣ 메뉴스크립트체 대문자 써보기

D D D D D D D D

♧ 메뉴스크립트체 소문자 써보기

d d d d d d d d

메뉴스크립트체

대 문 자	소 문 자
E	e

(i:) 이-

egg (ég · 에그) 달걀

♣ 메뉴스크립트체 대문자 써보기

E E E E E E E E

♧ 메뉴스크립트체 소문자 써보기

e e e e e e e e

메뉴스크립트체

대 문 자	소 문 자
F	f

(ef)　　에프

fork (fɔ́ːrk · 포오크) 포오크

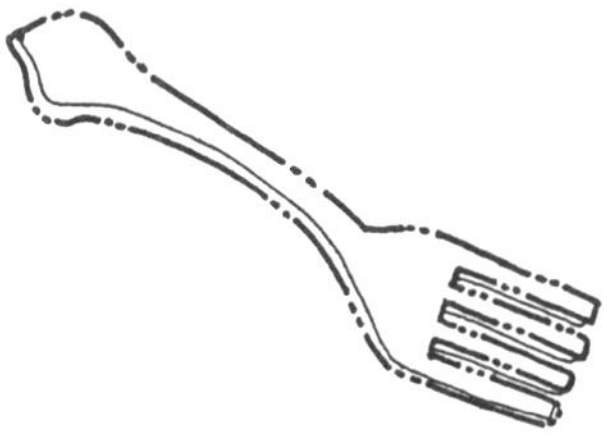

♣ 메뉴스크립트체 대문자 써보기

F F F F F F F F

♧ 메뉴스크립트체 소문자 써보기

f f f f f f f f

메뉴스크립트체

goose (gú:s · 구-스) 거위

대 문 자	소 문 자
G	g

(dʒi:) 지이

♣ 메뉴스크립트체 대문자 써보기

G G G G G G G G

♧ 메뉴스크립트체 소문자 써보기

g g g g g g g g

메뉴스크립트체

대 문 자	소 문 자
H	h

(eitʃ) 에이치

hand (hænd · 핸드) 손

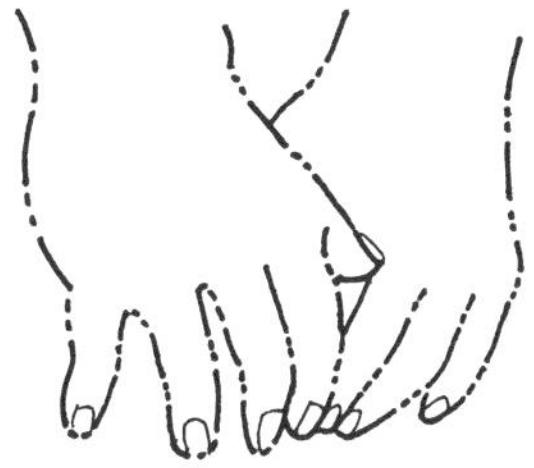

♣ 메뉴스크립트체 대문자 써보기

H H H H H H H H

♧ 메뉴스크립트체 소문자 써보기

h h h h h h h h

메뉴스크립트체

대 문 자	소 문 자
I	i

(ai) 아이

iron (áiərn · 아이언) 다리미

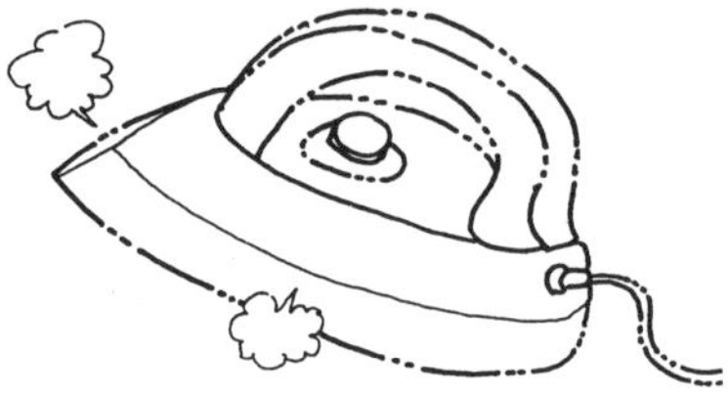

♣ 메뉴스크립트체 대문자 써보기

I I I I I I I I

♧ 메뉴스크립트체 소문자 써보기

i i i i i i i i

메뉴스크립트체

대 문 자	소 문 자
J	j

(dʒei) 제이

jump (dʒʌ́mp · 점프) 뛰어오르다

♣ 메뉴스크립트체 대문자 써보기

J J J J J J J J

♧ 메뉴스크립트체 소문자 써보기

j j j j j j j j

메뉴스크립트체

대 문 자	소 문 자
K	k

(kei) 케이

key (ki:키이) 열쇠

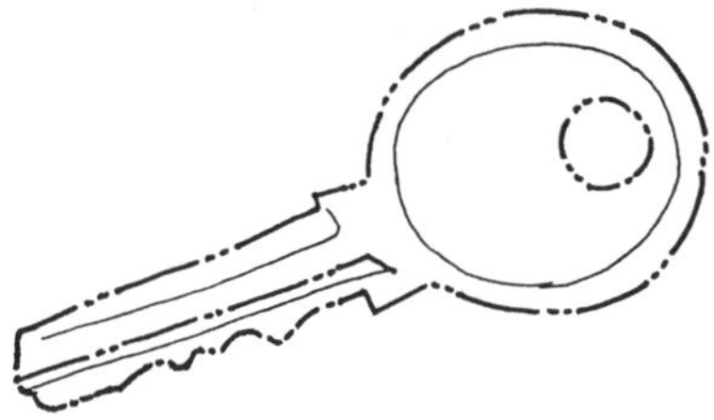

♣ 메뉴스크립트체 대문자 써보기

K K K K K K K K

♧ 메뉴스크립트체 소문자 써보기

k k k k k k k k

메뉴스크립트체

leaf (li:f · 리이프) 잎

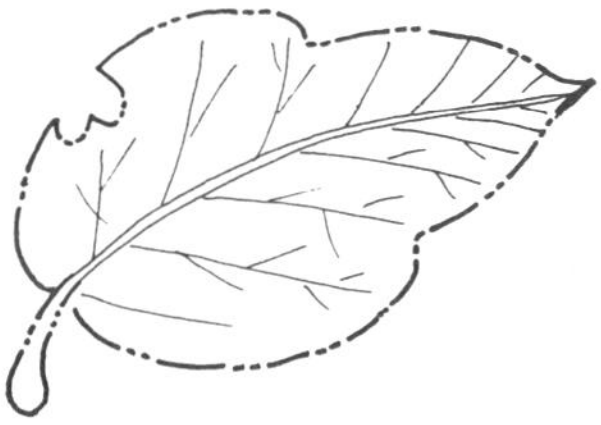

대 문 자	소 문 자
L	l

(el) 엘

♣ 메뉴스크립트체 대문자 써보기

L L L L L L L L

♧ 메뉴스크립트체 소문자 써보기

l l l l l l l l

메뉴스크립트체

대 문 자	소 문 자
M	m

(em)　　엠

money (mʌ́ni · 머니) 돈

♣ 메뉴스크립트체 대문자 써보기

M M M M M M M M

♧ 메뉴스크립트체 소문자 써보기

m m m m m m m m

메뉴스크립트체

대 문 자	소 문 자
N	n

(en) 엔

newspaper

(njú:zpeipər · 뉴우즈페이퍼) 신문

♣ 메뉴스크립트체 대문자 써보기

1 N 2 3

N N N N N N N

♧ 메뉴스크립트체 소문자 써보기

1 n 2

n n n n n n n

메뉴스크립트체

대 문 자	소 문 자
O	o

(ou)　　오우

owl (aul · 아울) 올빼미

♣ 메뉴스크립트체 대문자 써보기

O O O O O O O O

♧ 메뉴스크립트체 소문자 써보기

o o o o o o o o

메뉴스크립트체

대 문 자	소 문 자
P	p

(pi:)　　피이

pencil (pénsl · 펜슬) 연필

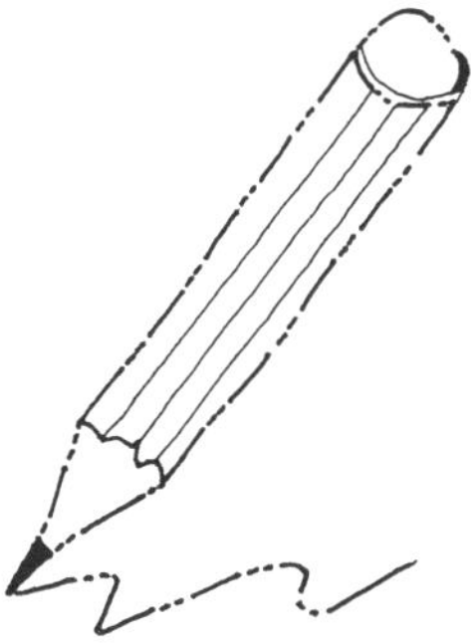

♣ 메뉴스크립트체 대문자 써보기

P P P P P P P P

♧ 메뉴스크립트체 소문자 써보기

p p p p p p p p

메뉴스크립트체

대 문 자	소 문 자
Q	q

(kju:) 큐우

queen (kwí:n · 퀴인) 여왕

♣ 메뉴스크립트체 대문자 써보기

Q Q Q Q Q Q Q Q

♧ 메뉴스크립트체 소문자 써보기

q q q q q q q q

메뉴스크립트체

radio (réidiou · 레이디오우) 라디오

대 문 자	소 문 자
R	r

(a:r)　아-르

♣ 메뉴스크립트체 대문자 써보기

R R R R R R R R

♧ 메뉴스크립트체 소문자 써보기

r r r r r r r r

메뉴스크립트체

shirt (ʃəːrt · 셔어트) 와이셔쓰

대 문 자	소 문 자
S	s

(es) 에스

♣ 메뉴스크립트체 대문자 써보기

S S S S S S S S

♧ 메뉴스크립트체 소문자 써보기

s s s s s s s s

메뉴스크립트체

대 문 자	소 문 자
T	t

(ti:)　　티 이

tree (tri:트리이) 나무

♣ 메뉴스크립트체 대문자 써보기

T T T T T T T T

♧ 메뉴스크립트체 소문자 써보기

t t t t t t t t

메뉴스크립트체

대 문 자	소 문 자
U	u

(ju:)　　유우

umbrella (ʌmbrélə · 엄브렐러) 우산

♣ 메뉴스크립트체 대문자 써보기

U U U U U U U U

♧ 메뉴스크립트체 소문자 써보기

u u u u u u u u

메뉴스크립트체

대 문 자	소 문 자
V	v

(vi:) 브이

violin (vaiəlín · 바이얼린) 바이올린

♣ 메뉴스크립트체 대문자 써보기

V V V V V V V V

♧ 메뉴스크립트체 소문자 써보기

v v v v v v v v

메뉴스크립트체

대 문 자	소 문 자
W	w

(dʌ́bìju) 더블류우

window (wíndou · 윈도우) 창문

♣ 메뉴스크립트체 대문자 써보기

W W W W W W W W

♧ 메뉴스크립트체 소문자 써보기

w w w w w w w w

메뉴스크립트체

대 문 자	소 문 자
X	x

(eks) 엑스

X-ray (éksrèi · 엑스레이) 엑스선

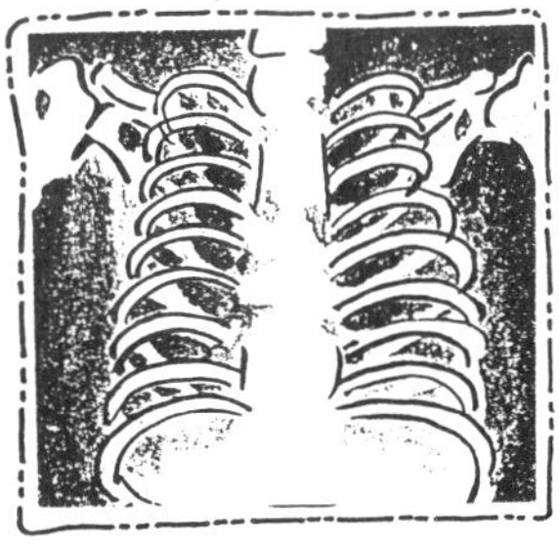

♣ 메뉴스크립트체 대문자 써보기

X X X X X X X X

♧ 메뉴스크립트체 소문자 써보기

x x x x x x x x

메뉴스크립트체

대 문 자	소 문 자
Y	y

(wai) 와이

yacht (ját · 야트) 요트

♣ 메뉴스크립트체 대문자 써보기

Y Y Y Y Y Y Y Y

♧ 메뉴스크립트체 소문자 써보기

y y y y y y y y

메뉴스크립트체

대 문 자	소 문 자
Z	z

(zed) 제드

zipper (zípər · 지퍼) 자크

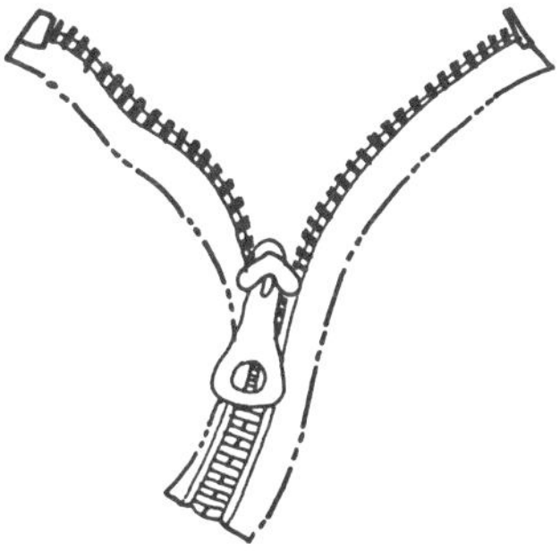

♣ 메뉴스크립트체 대문자 써보기

1 2 Z 3	Z Z Z Z Z Z Z

♧ 메뉴스크립트체 소문자 써보기

1 z 2 3	z z z z z z z

메뉴스크립트체 대문자 써보기

A B C D E F G H I J K L M

A B C D E F G H I J K L M

N O P Q R S T U V W X Y Z

N O P Q R S T U V W X Y Z

메뉴스크립트체 소문자 써보기

a b c d e f g h i j k l m

a b c d e f g h i j k l m

n o p q r s t u v w x y z

n o p q r s t u v w x y z

메뉴 스크립트체 단어 써보기

apple (ǽpl · 애플) 사과	ball (bɔ́:l · 보오올) 공	cup (kʌ́p · 컵) 컵
apple	ball	cup
apple	ball	cup

doll (dál · 달) 인형	egg (ég · 에그) 달걀	fork (fɔ́:rk · 포오크) 포오크
doll	egg	fork
doll	egg	fork

goose (gú:s · 구-스) 거위	hand (hǽnd · 핸드) 손	iron (áiərn · 아이언) 다리미
goose	hand	iron
goose	hand	iron

jump (dʒʌ́mp · 점프) 뛰어오르다	key (kí:키이) 열쇠	leaf (li:f · 리이프) 잎
jump	key	leaf
jump	key	leaf

money (mʌ́ni · **머니**) 돈	owl (ául · **아울**) 올빼미	pencil (pénsl · **펜슬**) 연필
money	owl	pencil
money	owl	pencil

queen (kwíːn · **퀴인**) 여왕	radio (réidiòu · **레**이디오우)라디오	shirt (ʃəːrt · **셔**어트) 와이셔쓰
queen	radio	shirt
queen	radio	shirt

tree (trí:트리이) 나무	umbrella (ʌmbrélə · 엄브렐러) 우산	violin (vaiəlín · 바이얼린) 바이올린
tree	umbrella	violin
tree	umbrella	violin

window (wíndou · 윈도우) 창문	X-ray (éksrèi · 엑스레이) 엑스선	zipper (zípər · 지퍼) 자크
window	X-ray	zipper
window	X-ray	zipper

선이어 그림 완성하기

◇메뉴스크립트체 소문자의 순서대로 선을 이어봅시다.

제 2 장

필기체 쓰기 기초

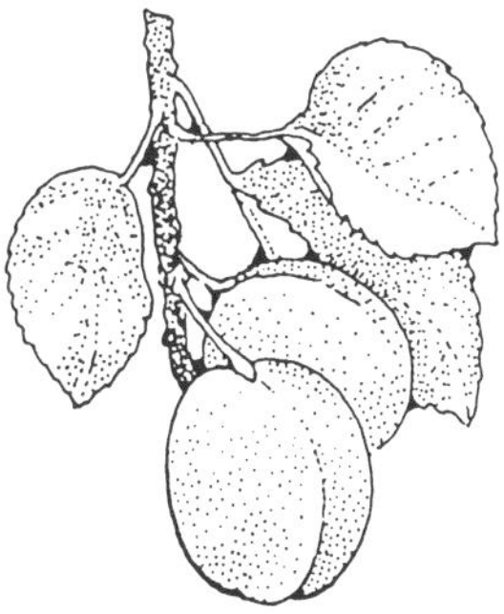

필 기 체

대 문 자	소 문 자
a	*a*

(ei) 에이

airplane
(έərplein · 에어플레인) 비행기

♣ 필기체 대문자 써보기

a a a a a a a a a

♧ 필기체 소문자 써보기

a a a a a a a a a

필 기 체

대 문 자	소 문 자
B	b

(bi:) 비이

bear (bέər · 베어) 곰

♣ 필기체 대문자 써보기

♧ 필기체 소문자 써보기

필 기 체

대문자	소문자
C	c

(si:) 씨이

clock (klák · 클락) 탁상시계

♣ 필기체 대문자 써보기

C C C C C C C C C

♧ 필기체 소문자 써보기

c c c c c c c c c

필 기 체

대 문 자	소 문 자
D	d

(di:) 디이

dog (dɔg · 도그) 개

♣ 필기체 대문자 써보기

D D D D D D D D D

♧ 필기체 소문자 써보기

d d d d d d d d d

필 기 체

대 문 자	소 문 자
E	e

(i:) 이-

ear (íər · 이어) 귀

♣ 필기체 대문자 써보기

E E E E E E E E E

♧ 필기체 소문자 써보기

e e e e e e e e e

필 기 체

대 문 자	소 문 자

(ef) 에프

flower (fláuər · 플라우어) 꽃

♣ 필기체 대문자 써보기

♧ 필기체 소문자 써보기

필 기 체

대 문 자	소 문 자
G	g

(dʒiː) 지이

girl
(gəːrl · 거-얼) 소녀

♣ 필기체 대문자 써보기

G g g g g g g g g

♧ 필기체 소문자 써보기

g g g g g g g g g

필 기 체

대 문 자	소 문 자
H	h

(eitʃ) 에이치

head

(héd · **헤**드) 머리

♣ 필기체 대문자 써보기

♧ 필기체 소문자 써보기

필 기 체

대문자	소문자
I	*i*

(ai) 아이

ink (íŋk · 잉크) 잉크

♣ 필기체 대문자 써보기

I I I I I I I I I

♧ 필기체 소문자 써보기

i i i i i i i i i

필 기 체

대 문 자	소 문 자

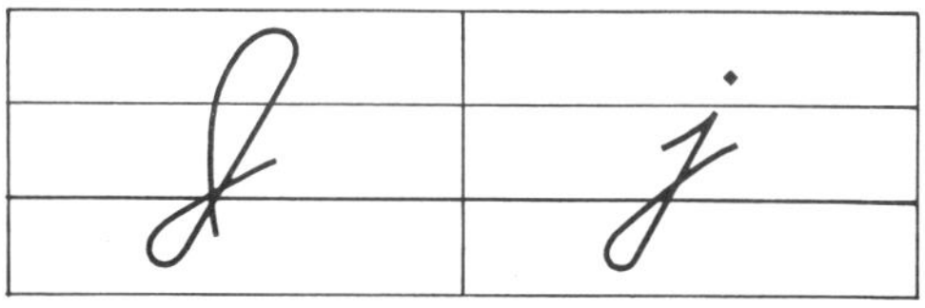

(dʒei)　제이

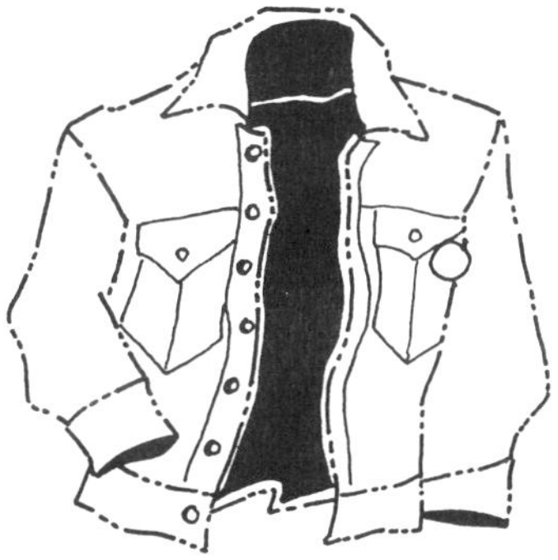

jacket (dʒǽkit · 재킷) 웃옷

♣ 필기체 대문자 써보기

♧ 필기체 소문자 써보기

필 기 체

대 문 자	소 문 자
K	*k*

(kei) 케이

kangaroo

(kǽŋgərúː · 캥거루우) 캥거루

♣ 필기체 대문자 써보기

K K K K K K K K K

♧ 필기체 소문자 써보기

k k k k k k k k k

필 기 체

대문자	소문자
L	l

(el) 엘

lemon (lémən · 레먼) 레몬

♣ 필기체 대문자 써보기

L L L L L L L L L

♧ 필기체 소문자 써보기

l l l l l l l l l

필 기 체

대문자	소문자
M	m

(em) 엠

mouth (máuθ · 마우드) 입

♣ 필기체 대문자 써보기

M M M M M M M M M

♧ 필기체 소문자 써보기

m m m m m m m m m

필 기 체

대문자	소문자
N	n

(en) 엔

nose (nóuz · 노우즈) 코

♣ 필기체 대문자 써보기

♧ 필기체 소문자 써보기

필 기 체

대 문 자	소 문 자
O	o

(ou) 오우

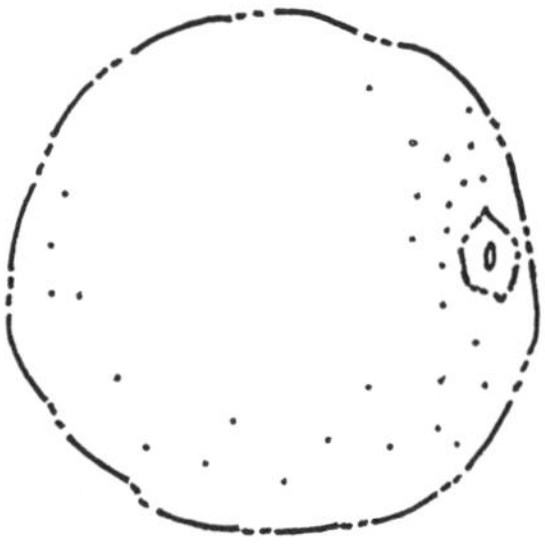

orange (ɔ́:rindʒ · 오-린지) 오렌지

♣ 필기체 대문자 써보기

♧ 필기체 소문자 써보기

필 기 체

대 문 자	소 문 자
P	p

(pi:) 피이

pineapple

(Páinæpl · 파인애플) 파인애플

♣ 필기체 대문자 써보기

P P P P P P P P P

♧ 필기체 소문자 써보기

p p p p p p p p p

필 기 체

대문자	소문자

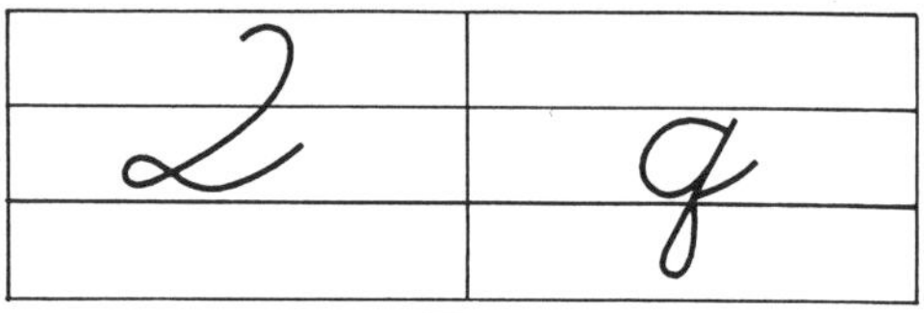

(kju:) 큐우

question mark

(kwéstʃən má:rk · 퀘스쳔마아크) 물음표

♣ 필기체 대문자 써보기

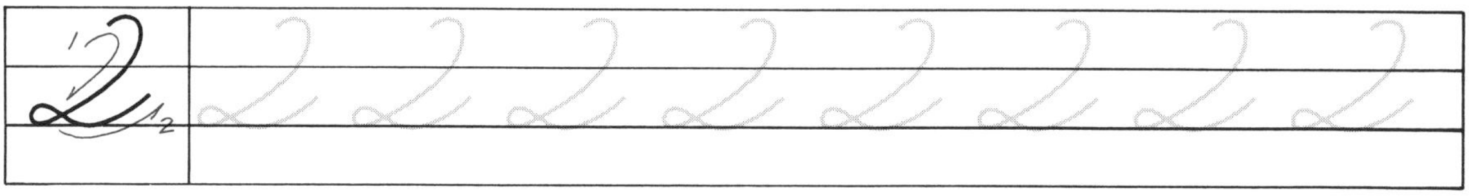

♧ 필기체 소문자 써보기

필 기 체

대 문 자	소 문 자
R	r

(a:r) 아-르

rabbit (ræbit · 래빗) 토끼

♣ 필기체 대문자 써보기

R R R R R R R R R

♧ 필기체 소문자 써보기

r r r r r r r r r

필 기 체

대 문 자	소 문 자
S	s

(es) 에스

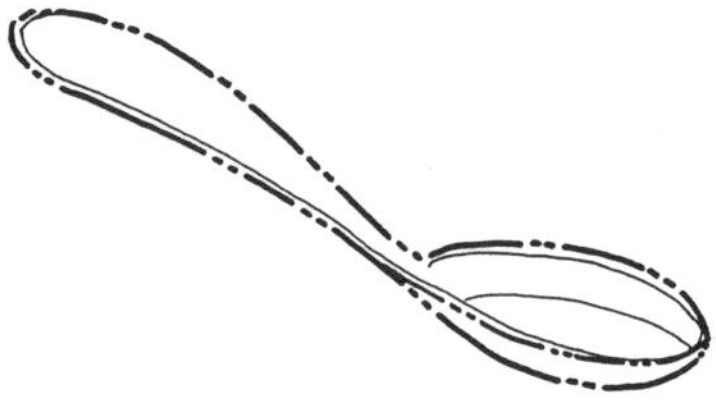

spoon (spú:n · 스푸우운) 숟가락

♣ 필기체 대문자 써보기

S S S S S S S S S

♧ 필기체 소문자 써보기

s s s s s s s s s

필 기 체

대 문 자	소 문 자
T	*t*

(ti:) 티이

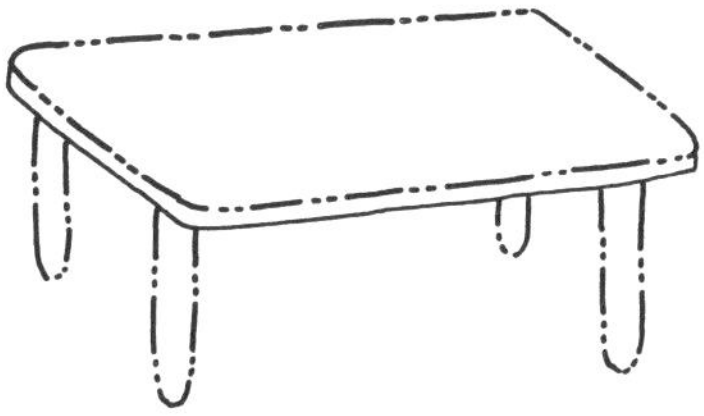

table (téibl · 테이블) 탁자

♣ 필기체 대문자 써보기

T *T T T T T T T T*

♧ 필기체 소문자 써보기

t *t t t t t t t t*

필 기 체

대문자	소문자
U	u

(ju:) 유우

uniform (júnifɔ:rm · 유니포옴) 제복

♣ 필기체 대문자 써보기

U U U U U U U U U

♧ 필기체 소문자 써보기

u u u u u u u u u

필 기 체

대문자	소문자
V	v

(vi:) 브이

volcano
(vɔlkéinou · 볼케이노우) 화산

♣ 필기체 대문자 써보기

V V V V V V V V V

♧ 필기체 소문자 써보기

v v v v v v v v v

필 기 체

대 문 자	소 문 자
W	w

(dʌ́biju) 더블류우

watch (wɔ́tʃ · 워치) 시계

♣ 필기체 대문자 써보기

W W W W W W W W W W

♧ 필기체 소문자 써보기

w w w w w w w w w w

필 기 체

대 문 자	소 문 자
X	x

(eks) 엑스

X-mas tree
(krísməs tri: · 크리스머스 트리이)
크리스머스 트리

♣ 필기체 대문자 써보기

♧ 필기체 소문자 써보기

필 기 체

대문자	소문자
Y	y

(wai) 와이

yard (já:rd · 야아드) 안뜰

♣ 필기체 대문자 써보기

♧ 필기체 소문자 써보기

필 기 체

대 문 자	소 문 자

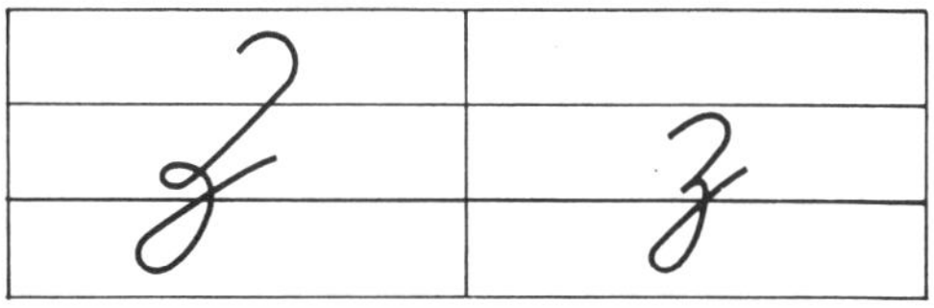

(zed) 제드

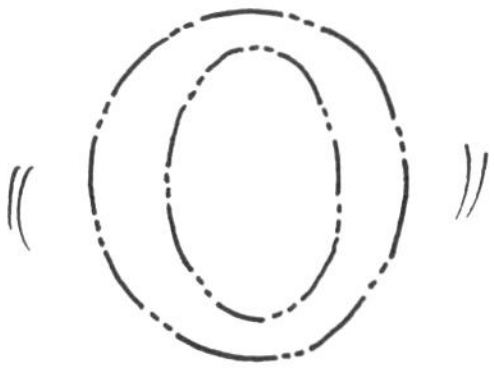

zero (zírou · **지**로우) 영, 제로

♣ 필기체 대문자 써보기

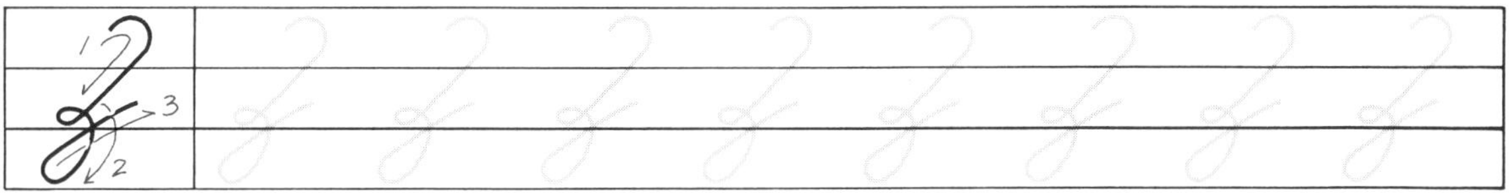

♧ 필기체 소문자 써보기

필기체 대문자 써보기

A B C D E F G H I J K L M

A B C D E F G H I J K L M

N O P Q R S T U V W X Y Z

N O P Q R S T U V W X Y Z

필기체 소문자 써보기

a b c d e f g h i j k l m

a b c d e f g h i j k l m

n o p q r s t u v w x y z

n o p q r s t u v w x y z

◇ 다음 필기체 소문자의 순서대로 선을 이어봅시다.

필기체 단어 써보기

airplane (έərplein · 에어플레인) 비행기	bear (bέər · 베어) 곰	clock (klák · 클락) 탁상시계
airplane	bear	clock
airplane	bear	clock

dog (dɔg · 도그) 개	ear (íər · 이어) 귀	flower (fláuər · 플라우어) 꽃
dog	ear	flower
dog	ear	flower

girl (gə́:rl · **거-얼**) 소녀	head (héd · **헤드**) 머리	ink (íŋk · **잉크**) 잉크

girl	*head*	*ink*
girl	*head*	*ink*

jacket (dʒǽkit · **재킷**) 웃옷	kangaroo (kæ̀ŋgərú: · 캥거루우)캥거루	lemon (lémən · **레먼**) 레몬

jacket	*kangaroo*	*lemon*
jacket	*kangaroo*	*lemon*

mouth (máuθ · 마우드) 입	nose (nóuz · 노우즈) 코	orange (ɔ́:rindʒ · 오-린지) 오렌지
mouth	nose	orange
mouth	nose	orange

pineapple (Páinæpl · 파인애플)파인애플	rabbit (ræbit · 래빗) 토끼	spoon (spú:n · 스푸우운) 숟가락
pineapple	rabbit	spoon
pineapple	rabbit	spoon

table	uniform	volcano
(téibl · 테이블) 탁자	(júnifɔ:rm · 유니포옴) 제복	(vɔlkéinou · 볼케이노우)화산
table	*uniform*	*volcano*
table	*uniform*	*volcano*

watch	yacht	zero
(wɔ́tʃ · 워치) 시계	(ját · 야트) 요트	(zírou · 지로우) 영, 제로
watch	*yacht*	*zero*
watch	*yacht*	*zero*

제 3 장

기초 단어 쓰기

• 방향 명칭 써보기

동	서	남	북
(i:st) (이-스트)	(west) (웨스트)	(sauθ) (사우스)	(nɔərθ) (노오스)

east	west	south	north
east	west	south	north
east	*west*	*south*	*north*
east	*west*	*south*	*north*

● 계절 명칭 써보기

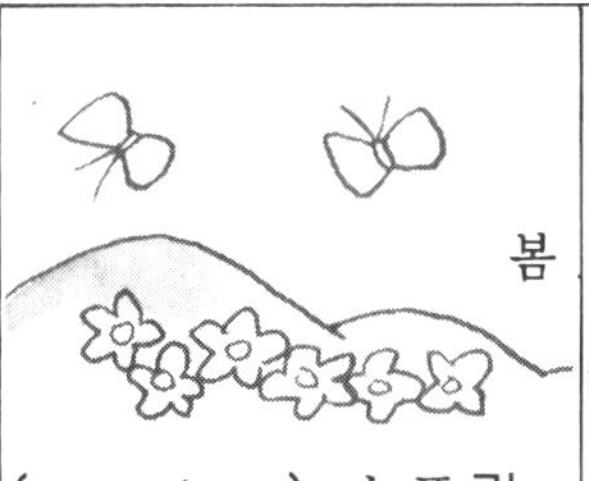			
봄	여름	가을	겨울
(spríŋ) 스프링	(sʌ́mər) 서머	(ɔ́:təm) 오-터엄	(wíntər) 윈터

spring	summer	autumn	winter
spring	summer	autumn	winter
spring	*summer*	*autumn*	*witer*
spring	*summer*	*autumn*	*witer*

요일 명칭 써보기

월요일	화요일	수요일
Mon	Tues	Wed
(mʌ́ndi)	(tjú:zdi)	(wénzdi)
(먼디)	(튜우즈디)	(웬즈디)

Monday	Tuesday	Wednesday
Monday	Tuesday	Wednesday
Monday	*Tuesday*	*Wednesday*
Monday	*Tuesday*	*Wednesday*

목요일	금요일	토요일	일요일
Thur	Fri	Sat	Sun
(θə́:rzdi)	(fráidi)	(sǽtərdi)	(sʌ́ndi)
(서어즈디)	(후라이디)	(새터어디)	(선디)

Thursday	Friday	Saturday	Sunday
Thursday	Friday	Saturday	Sunday

Thursday	*Friday*	*Saterday*	*Sunday*
Thursday	*Friday*	*Saterday*	*Sunday*

• 월별 명칭 써보기

1 월	2 월	3 월
(dʒǽnjuèri) (재뉴어리)	(fébruèri) (훼브루어리)	(má:rtʃ) (마아치)
January	February	March
January	February	March
January	*February*	*March*
January	*February*	*March*

4 월	5 월	6 월
(éiprəl) (에 이 프 럴)	(méi) (메 이)	(dʒúːn) (주 운)
April	May	June
April	May	June
April	*May*	*June*
April	*May*	*June*

7 월	8 월	9 월
(dʒu:lái) (줄-라이)	(ɔ́:gəst) (오-거스트)	(septémbər) (셉템버)

July	August	September
July	August	September
July	*August*	*September*
July	*August*	*September*

10월	11월	12월
(aktóubər) (악토우버)	(nouvémbər) (노벰버)	(disémbər) (디셈버)
October	November	December
October	November	December
October	*November*	*December*
October	*November*	*December*

• 가족 · 사람 · 직업별 명칭 써보기

 아버지	 어머니	 남편
(fá:ðərt) (파-더)	(mʌ́ðər) (머더)	(hʌ́zbənd) (허즈번드)

father	mother	husband

father mother husband

father *mother* *husband*

father *mother* *husband*

형, 형제  (brʌ́ðər) (브러더)	누이  (sístər) (시스터)	숙녀  (léidi) (레이디)
brother	sister	lady
brother	sister	lady
brother	*sister*	*lady*
brother	*sister*	*lady*

 신사	 남자	 여자
(dʒéntlmən)(젠틀 먼)	(mǽ:n)(맨)	(wúmən)(우먼)
gentlman	man	woman
gentlman	man	woman
gentlman	*man*	*woman*
gentlman	*man*	*woman*

어린이 	갓난 아이 	학생 
(tʃəild)(차일드)	(béibi)(베이비)	(stjú:dənt)(스튜-던트)

child	baby	student
child	baby	student
child	*baby*	*student*
child	*baby*	*student*

 친구	 의사, 박사	 간호원
(frénd) (프렌드)	(dáktər) (닥터)	(ná:rs) (너-스)

friend	doctor	nurse
friend	doctor	nurse
friend	*doctor*	*nurse*
friend	*doctor*	*nurse*

 운전사	 농부	 경찰관
(dráivər)(드라이버)	(fáərmər)(파어머)	(pəlí:smən)(펄리-스먼)
driver	farmer	policeman
driver	farmer	policeman
driver	*farmer*	*policeman*
driver	*farmer*	*policeman*

기사

(èndʒiníər) (엔지니어)

선생님

(tíːtʃər) (티-쳐)

과학자

(sáiəntist) (사이언티스트)

engineer	teacher	scientist
engineer	teacher	scientist
engineer	*teacher*	*scientist*
engineer	*teacher*	*scientist*

• 자연에 관한 명칭 써보기

태양 해	달	별

(sʌn) (선)	(mú:n) (무-운)	(staər) (스타어)

sun	moon	star
sun	moon	star
sun	moon	star
sun	moon	star

 꽃	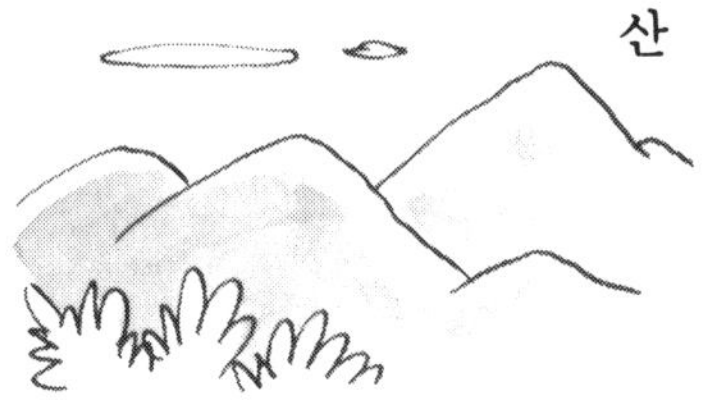 산	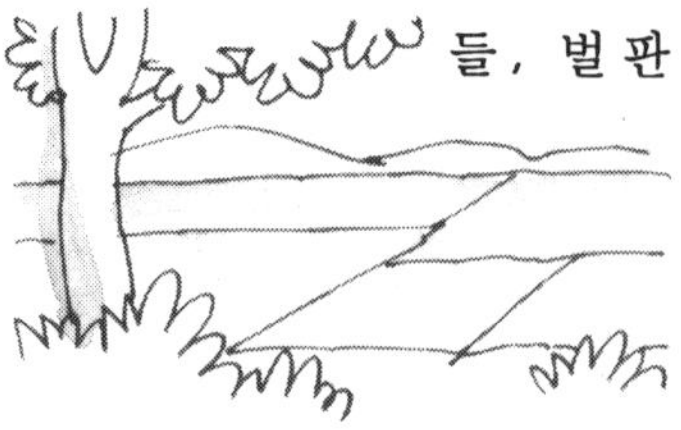 들, 벌판
(fláuər)(플라우어)	(máuntin)(마운틴)	(fí:ld)(피-일드)

flower	mountain	field

flower	mountain	field

flower *mountain* *field*

flower *mountain* *field*

비

(rein)(레인)

눈

(snou)(스노우)

바람

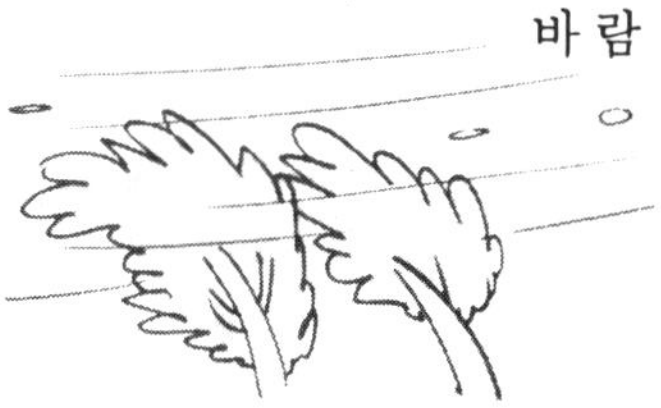

(wind)(윈드)

rain	snow	wind
rain	snow	wind
rain	*snow*	*wind*
rain	*snow*	*wind*

● 학교 · 학용품 명칭 써보기

학교	교실	칠판, 흑판
		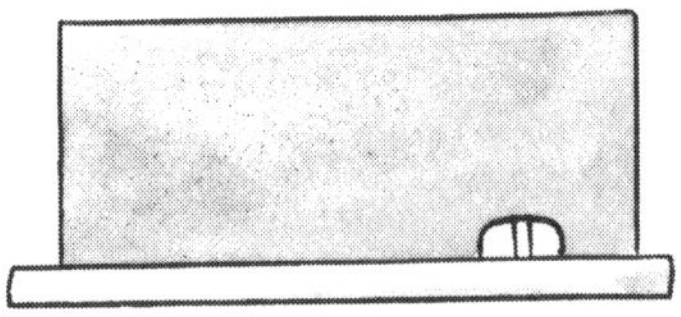
(skú:l)(스쿨-)	(klǽsrù:m)(클래스루-움)	(blǽkbɔ́ərd)(블랙보어드)

school	classroom	blackboard
school	classroom	blackboard
school	*classroom*	*blackboard*
school	*classroom*	*blackboard*

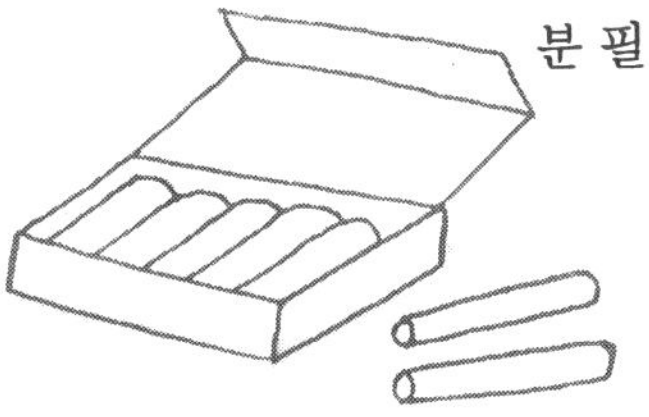 분필	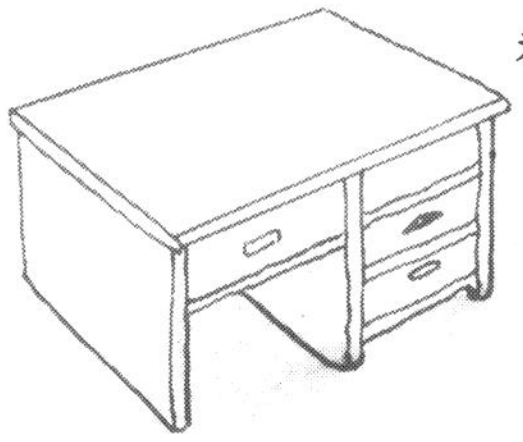 책상	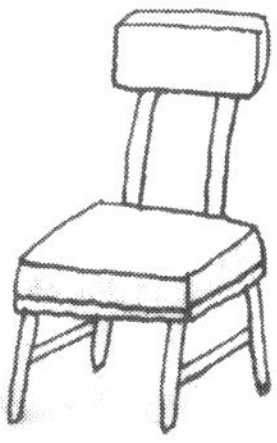 의자
(tʃɔːk) (쵸-크)	(désk) (데스크)	(tʃεər) (체어)
chalk	desk	chair
chalk	desk	chair
chalk	*desk*	*chair*
chalk	*desk*	*chair*

책	만년필	공책
	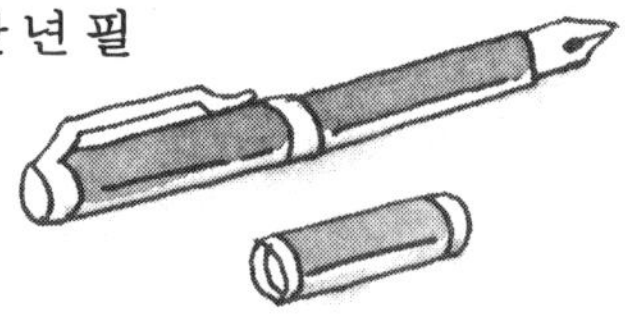	
(buk) (북)	(fáuntənpèn) (파운턴펜)	(nóutbùk) (노우트북)

book	fountainpen	notebook
book	fountainpen	notebook
book	*fountainpen*	*notebook*
book	*fountainpen*	*notebook*

종이	연필	칼, 작은칼
	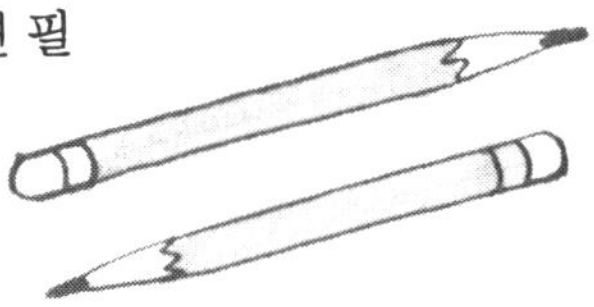	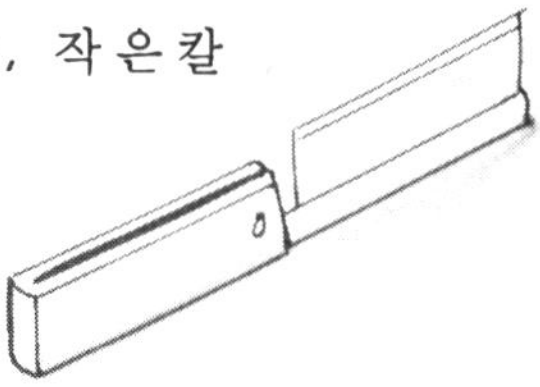
(péipər) (페이퍼)	(pénsəl) (펜설)	(náif) (나이프)
paper	pencil	knife
paper	pencil	knife
paper	*pencil*	*knife*
paper	*pencil*	*knife*

교문 	문 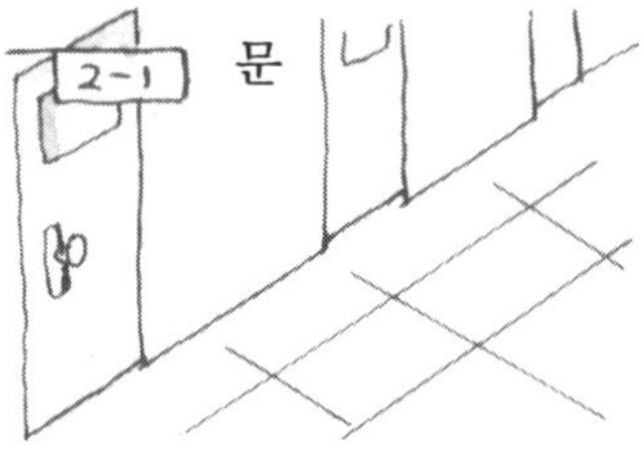	잉크 
(skú:lgèit) (스쿨-게이트)	(dɔ́ər) (도어)	(íŋk) (잉크)
school gate	door	ink
school gate	door	ink
school gate	*door*	*ink*
school gate	*door*	*ink*

 학생	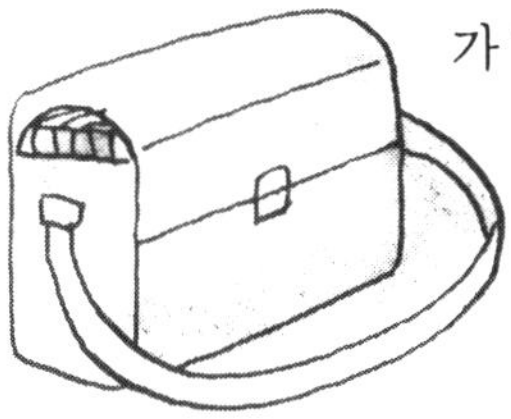 가방	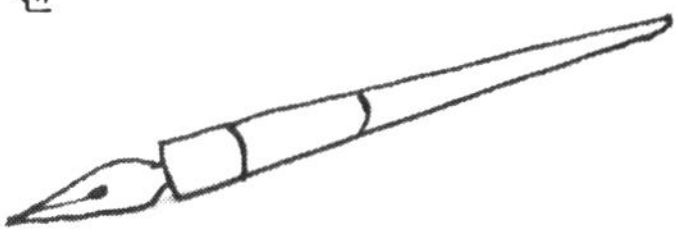 펜
(stjú:dənt) (스튜-던트)	(bæg) (배그)	(pén) (펜)

student bag pen

student bag pen

student *bag* *pen*

student *bag* *pen*

● 과일 명칭 써보기

사과 	배 	토마토 
(æpl) (애플)	(pέər) (페어)	(təmá:tou)(터마-토우)
apple	pear	tomato
apple	pear	tomato
apple	*pear*	*tomato*
apple	*pear*	*tomato*

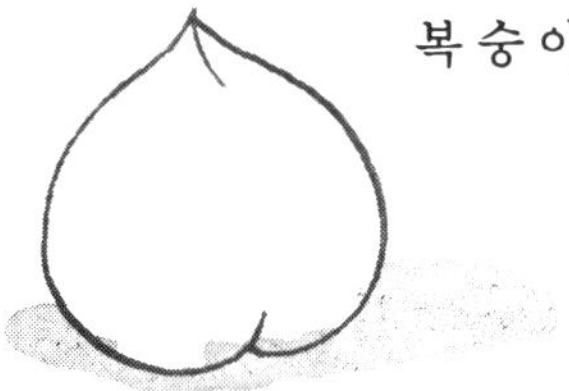 복숭아	 오렌지	바나나 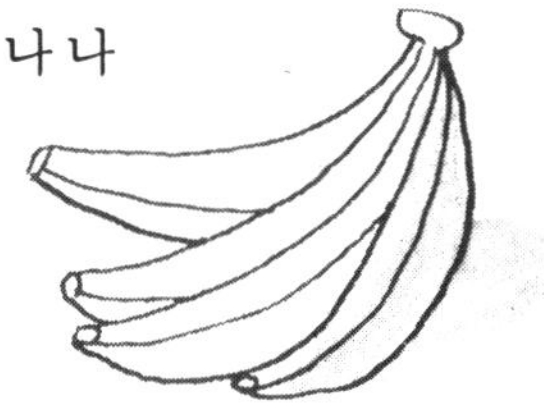
(piːtʃ) (피-치)	(ɔ́ːrindʒ) (오-린지)	(bənǽnə) (버내너)
peach	orange	banana
peach	orange	banana
peach	orange	banana
peach	orange	banana

 파인애플	 수박	포도 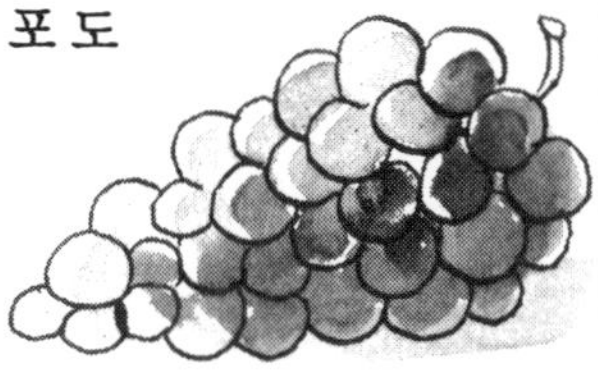
(páinæpl)(파인애플)	(wɔ́:tərmèlən) (워-터멜런)	(gréip)(그레잎)

pineapple watermelon grape

pineapple watermelon grape

pineapple watermelon grape

pineapple watermelon grape

● 가축 · 동물 명칭 써보기

 토끼	 원숭이	 고양이
(ræbit) (래비트)	(mʌŋki) (멍키)	(kæt) (캣)
rabbit	monkey	cat
rabbit	monkey	cat
rabbit	monkey	cat
rabbit	monkey	cat

개	코끼리	말

(dɔ́:g) (도-그)	(élifənt) (엘리펀트)	(hɔ́ərs) (호어스)

dog	elephant	horse
dog	elephant	horse
dog	*elephant*	*horse*
dog	*elephant*	*horse*

호랑이	사자	곰
(táigər) (타이거)	(láiən) (라이언)	(bεər) (베어)
tiger	lion	bear
tiger	lion	bear
tiger	lion	bear
tiger	lion	bear

돼지	소	기린

(pig) (피그)	(áks) (악스)	(dʒəræf) (저래프)

pig	ox	giraffe
pig	ox	giraffe
pig	*ox*	*giraffe*
pig	*ox*	*giraffe*

새앙쥐 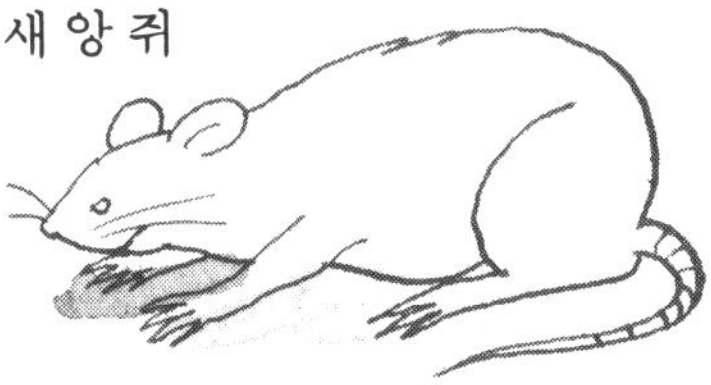 (máus) (마우스)	개구리  (frág) (프라그)	새  (bəːrd) (버-드)
mouse	frog	bird
mouse	frog	bird
mouse	*frog*	*bird*
mouse	*frog*	*bird*

 독수리	 백조	 거위
(í:gl)(이-글)	(swán)(스완)	(gú:s)(구-스)
eagle	swan	goose
eagle	swan	goose
eagle	*swan*	*goose*
eagle	*swan*	*goose*

• 가정용품 명칭 써보기

라디오	전화기	T.V
		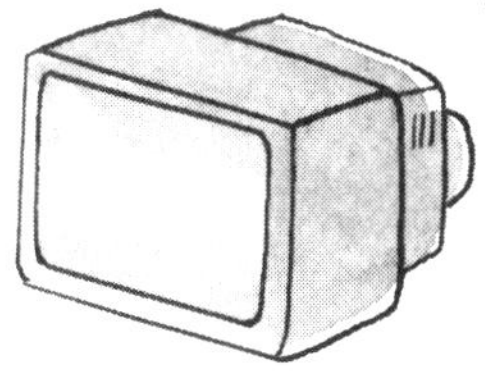
(réidiòu) (레이디오우)	(télifòun) (텔리포운)	(télivìʒən) (텔리비젼)
radio	telephone	television
radio	telephone	television
radio	*telephone*	*television*
radio	*telephone*	*television*

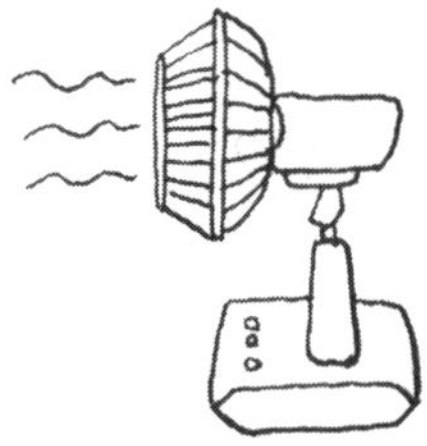 선풍기	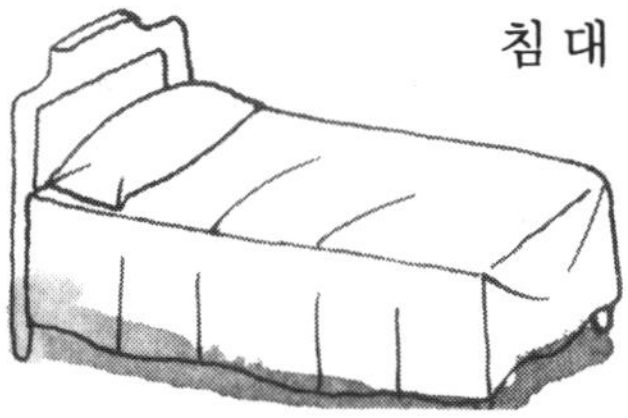 침대	 커어튼
(iléktriktæn) (일렉트릭팬)	(béd) (베드)	(kɔ́:rtən) (커-턴)
electricfan	bed	curtain
electricfan	bed	curtain
electricfan	*bed*	*curtain*
electricfan	*bed*	*curtain*

 다리미	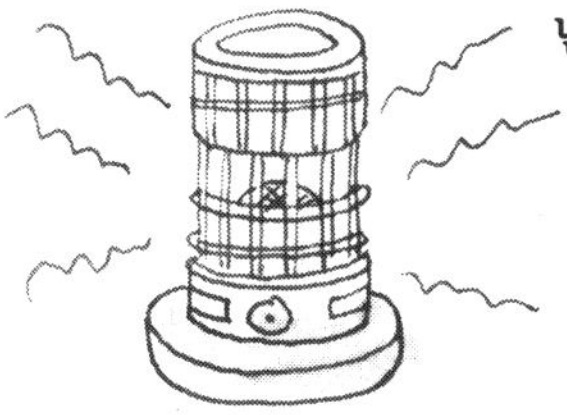 난로	가구 
(áiərn) (아이언)	(stouv) (스토우브)	(fɔ́:rnitʃər) (퍼-니쳐)
iron	stove	furniture
iron	stove	furniture
iron	*stove*	*furniture*
iron	*stove*	*furniture*

• 1～100 써보기

1	2	3
(wʌn) (원)	(tu:) (투우)	(θri:) (트리이)
one	two	three
one	two	three
one	*two*	*three*
one	*two*	*three*

4	5	6
(fɔːr) (포오)	(faiv) (파이브)	(siks) (식스)
four	five	six
four	five	six
four	*five*	*six*
four	*five*	*six*

7	8	9
(sévn) (세븐)	(eit) (에잇)	(nain) (나인)

seven	eight	nine
seven	eight	nine
seven	*eight*	*nine*
seven	*eight*	*nine*

10	11	12
(ten)	(ilévn)	(twelv)
(텐)	(일레븐)	(트웰브)

ten	eleven	twelve
ten	eleven	twelve
ten	eleven	twelve
ten	eleven	twelve

13	14	15
(θə́:rtí:n) (써티인)	(fɔ̀ərtí:n) (훠어티인)	(fiftí:n) (휘프티인)
thirteen	fourteen	fifteen
thirteen	fourteen	fifteen
thirteen	*fourteen*	*fifteen*
thirteen	*fourteen*	*fifteen*

16	17	18
(sìkstí:n) (식스티인)	(sevəntí:n) (세븐티인)	(ètín) (에잍티인)

sixteen seventeen eighteen

sixteen seventeen eighteen

sixteen *seventeen* *eighteen*

sixteen *seventeen* *eighteen*

19	20	21
(nàintí:n) (나인티인)	(twénti) (투웬티)	(twénti wʌn) (투웬티 원)

nineteen	twenty	twenty-one
nineteen	twenty	twenty-one
nineteen	twenty	twenty-one
nineteen	twenty	twenty-one

30	31	40
(θə́:rti) (써어티)	(θə́:rti wʌn) (써어티 원)	(fɔ́ərti) (훠어티)
thirty	thirty-one	forty
thirty	thirty-one	forty
thirty	*thirty one*	*forty*
thirty	*thirty one*	*forty*

41	50	51
(fɔ́ərti wʌn) (훠어티 원)	(fífti) (휘프티)	(fífti wʌn) (휘프티 원)

forty-one	fifty	fifty-one
forty-one	fifty	fifty-one
forty one	*fifty*	*fifty one*
forty one	*fifty*	*fifty one*

60	61	70
(síksti) (식스티)	(síksti wʌn) (식스티 원)	(sévənti) (세븐티)

sixty sixty-one seventy

sixty sixty-one seventy

sixty *sixty one* *seventy*

sixty *sixty one* *seventy*

71	80	81
(sévənti wʌn)	(éiti)	(éiti wʌn)
(세븐티 원)	(에잍티)	(에인티 원)
seventyone	eighty	eightyone
seventyone	eighty	eightyone
seventyone	*eighty*	*eightyone*
seventyone	*eighty*	*eightyone*

90	91	100
(náinti) (나인티)	(náinti wʌn) (나인티 원)	(wʌn-hʌ́ndrəd) (원 헌드러드)

ninety	ninetyone	onehundred
ninety	ninetyone	onehundred
ninety	*ninety one*	*onehundred*
ninety	*ninety one*	*onehundred*

◇ 다음 선을 순서대로 이어봅시다.

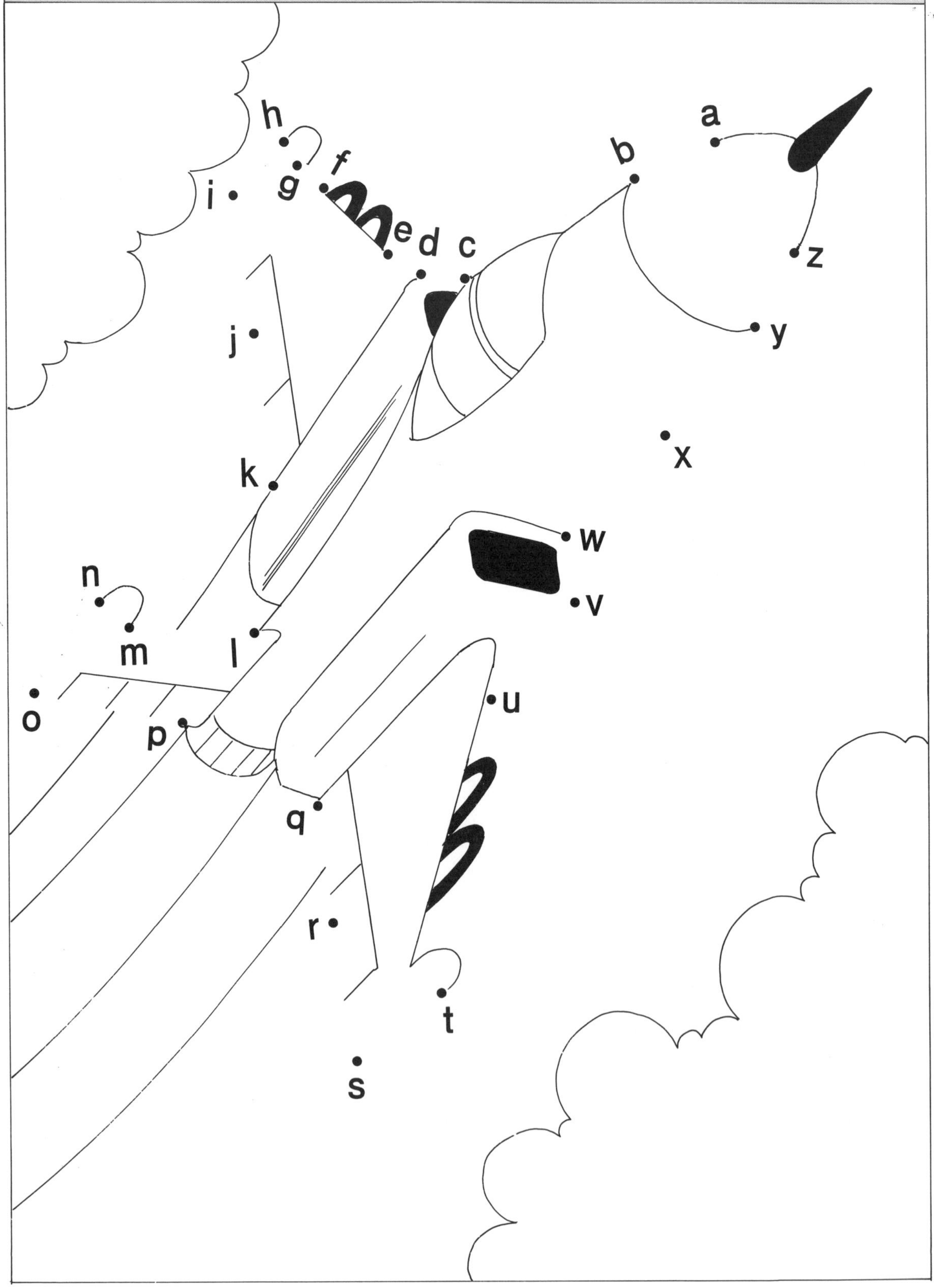

제 4 장

기초 문장 쓰기

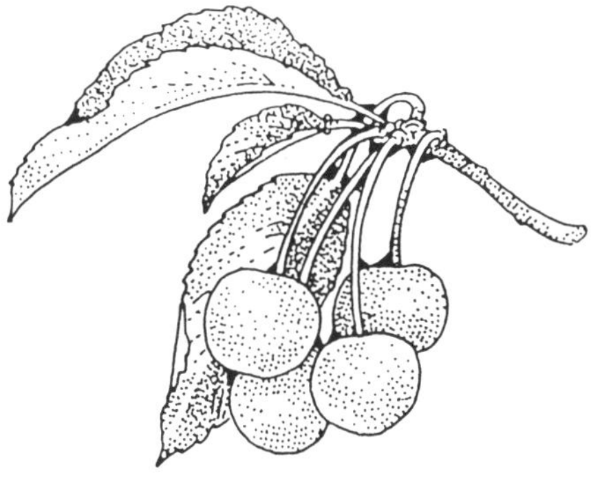

문장쓰기

Good morning.
Good afternoon.

Good morning. ~ afternoon.

Good morning. ~ afternoon.

Good morning. ~ afternoon.

Good morning. ~ afternoon.

Good evening.
Good-bye.

Good evening.	Good-bye.
Good evening.	Good-bye.
Good evening.	*Good-bye.*
Good evening.	*Good-bye.*

I am a boy.
You are a girl.

I am a boy.	You are a girl.
I am a boy.	You are a girl.
I am a boy.	You are a girl.
I am a boy.	You are a girl.

She is a school gilr.
Mary is~.

She is a school gilr. Mary is~.

She is a school gilr. Mary is~.

She is a school girl. Mary is~

She is a school girl. Mary is~

He is a school boy.
Smith is～.

He is a school boy.	Smith is～.
He is a school boy.	Smith is～.
He is a school boy.	*Smith is～.*
He is a school boy.	*Smith is～*